Mi casa
en la montaña

Sharon Gordon

Marshall Cavendish
Benchmark
Nueva York

Esta carretera sube a
mi casa que está en
una montaña.

Mi casa es fuerte.

Es segura cuando hay viento y tormentas.

El tiempo en las montañas cambia rápidamente.

Llegar a casa no es siempre fácil.

A veces, la carretera se llena de barro.

Otras veces, está cubierta de nieve.

Nuestro carro puede pasar sobre rocas y hielo.

Las ruedas grandes evitan que se resbale.

Muchos animales *pastan* cerca de nuestra casa.

¡Nunca sabemos cuándo nos visitará un oso!

El aire es frío en la cima de la montaña.

Las águilas vuelan sobre las copas de los árboles.

Estamos atentos a los derrumbes de rocas.

La nieve que se desliza se puede convertir en una *avalancha*.

el invierno, vienen a
uiar.

guardas en *motonieves*
an de su seguridad.

En la primavera, los visitantes pescan en los arroyos.

A ellos les gusta el aire fresco de la montaña.

Nos gusta ir de excursión por los senderos.

Llevamos botas y mochilas.

En días despejados,
podemos ver a lo lejos.

Otros días, nuestra casa
está entre las nubes.

Nuestra casa en la montaña es divertida.

¡Hacemos snowboard en nuestro propio patio!

La casa en la montaña

oso

águila

rocas

motonieve

arroyos

senderos

Palabras avanzadas

avalancha La nieve pesada, hielo y rocas que se deslizan rápidamente por una montaña.

motonieves Los vehículos pequeños que se pueden conducir en la nieve.

pastan Que comen hierba u otras plantas en un campo.

Índice

Las páginas indicadas con números en **negrita** tienen ilustraciones.

Datos biográficos de la autora

Sharon Gordon ha escrito muchos libros para niños. Siempre ha trabajado como editora. Sharon y su esposo Bruce tienen tres niños, Douglas, Katie y Laura, y una perra consentida, Samantha. Viven en Midland Park, Nueva Jersey.

Agradecemos a las asesoras de lectura Nanci Vargus, Dra. en Ed., y Beth Walker Gambro.

Marshall Cavendish Benchmark
99 White Plains Road
Tarrytown, New York 10591-9001
www.marshallcavendish.us

Library of Congress Cataloging-in-Publication Data

Gordon, Sharon.
[At home on the mountain. Spanish]
Mi casa en la montaña / Sharon Gordon.
p. cm. — (Bookworms. Mi casa)
ISBN-13: 978-0-7614-2376-8 (edición en español)
ISBN-10: 0-7614-2376-1 (edición en español)
ISBN-10: 0-7614-1961-6 (English edition)
1. Mountains—Juvenile literature. I. Title. II. Series: Gordon, Sharon. Bookworms. Mi casa.

QH87.G6718 2006
551.43'2—dc22
2006015786

Traducción y composición gráfica en español de Victory Productions, Inc.
www.victoryprd.com

Investigación fotográfica de Anne Burns Images

Fotografía de la cubierta de *Corbis*/John M. Roberts

Los permisos de las fotografías utilizadas en este libro son cortesía de:
Corbis: p. 1 James Randklev; p. 3 Darwin Wiggett; p. 5 Joseph Sohm/Visions of America; pp. 7, 17, 27, 28 (abajo a la izquierda) exenta de regalías; pp. 13, 28 (arriba a la izquierda) Stan Osolinski; pp. 15, 28 (arriba a la derecha) Ron Sanford; pp. 19, 29 (izquierda) Mark E. Gibson; pp. 21, 28 (abajo a la derecha) David Stoecklein; pp. 23, 29 (derecha) John Henley; p. 25 James Randklev. *Woodfin Camp*: p. 9 Sepp Seitz. *Index Stock Imagery*: p. 11 Stewart Cohen.

Diseño de la serie de Becky Terhune

Impreso en Malasia

1 3 5 6 4 2